AF313011

# Thèse

## POUR LA LICENCE.

L'Acte public sur les matières ci-après sera soutenu,
le vendredi 28 décembre 1855, à midi,

Par Amédée DURAND, né à Paris.

Président : M. DURANTON, Professeur.

Suffragants :
MM. COLMET-DAAGE,
DE VALROGER,
MACHELARD,
FERRY,

Professeurs.

Suppléant.

*Le Candidat répondra en outre aux questions qui lui seront faites
sur les autres matières de l'enseignement.*

## PARIS.

CHARLES DE MOURGUES FRÈRES, SUCCESSEURS DE VINCHON,
Imprimeurs de la Faculté de Droit,
RUE J.-J. ROUSSEAU, Nº 8.

1855.

0416

A MES PARENTS

# JUS ROMANUM.

## DE USUFRUCTU ET QUEMADMODUM
## QUIS UTATUR FRUATUR.

(Dig., lib. 7, tit. 1. Vaticana fragmenta, § 44-60.)

Ususfructus est jus alienis rebus utendi fruendi, salva rerum
substantia; jus enim est in corpore, quo sublato, et ipsum tolli
necesse est. Servitus personalis dici potest, quæ personæ scilicet
a re debeatur. Est autem uti frui omnia percipere commoda,
quæ occasione dominii, pro rerum sivem obilium, sive immo—
bilium ratione, dominus percipere possit.

Quarum autem rerum dominium habere quis potest, in his
ususfructus recte constituitur; harum vero quæ usu consumun-
tur et assidua permutatioue nobis pereunt, non proprie potest
esse ususfructus, sed quasi ususfructus. Salva enim substantia
earum esse non potest, si quis utatur fruatur.

Ususfructus variis modis acquiritur. Nempe testamento;
dies autem legati non prius cedit quam facta sit aditio hære-
ditatis, tunc enim constituitur quum quis frui potest; item

pactionibus et stipulationibus, vel lege, ut patri in bonis adventitiis filiifamilias; vel judicis auctoritate, ut in judicio familiæ erciscundæ et communi dividundo, si judex alii proprietatem adjudicaverit, alii usumfructum; vel longi temporis præscriptione.

Sed quum ususfructus res sit nec mancipi, et res incorporalis, non traditione nec mancipatione traduci potest, sed cessione in jure; nec deduci quidem per traditionem potest, quia ususfructus non ex jure gentium sed ex jure civili descendit. Sed per cessionem in jure, et per do lego legatum et traduci et transferri potest.

Acquiritur autem non solum per nosmetipsos, sed etiam per eas personas quas nostro juri subjectas habemus; et non pure tantum constituitur, sed etiam sub conditione, ex die vel ad diem, pro parte divisa vel indivisa; item et universorum bonorum vel singulorum, vel ita ut duobus pertineat qui alternis annis utantur fruantur.

Nunc videndum est quid contineatur in jure utendi fruendi.

Omnes scilicet fructus, omniaque commoda quæ ex re percipi possunt ad usufructuarium, quatenus non re abutatur pertinent; nam frui debet ut ipse paterfamilias boni viri arbitratu fruatur, et rerum præsertim destinationem observare; hoc enim intelligere debemus esse fructum ad quod res fructuaria a domino comparata est. Sic pecorum fœtus et lana pro fructibus habentur, sed non ancillarum partus, quia ancillæ operarum causa non fœtus comparari solent.

Item in fundo hi fructus inspiciendi sunt quos solebat paterfamilias percipere, ita ut, si forte grandes abores sint, non possis eas cædere, quia non cædebat dominus; ex sylva autem cædua ramos et arbores sumere, quia hunc utendi fruendi modum ipse paterfamilias designavit.

Hac autem conditione fructus ad usufructuarium pertinent, si tempore ususfructus percipiantur. Quare si dominus, fundi usufructu constituto, fructus maturos pendentes decerpere omiserit, hos feret usufructuarius; item et dominus proprietatis, finito usufructu, eos feret qui relicti fuerint, pendentes et maturi.

Quod vero accedit fundo, hoc plane ad usufructuarium pertinet, ut agrorum arandorum instrumenta, vel multa alia quæ ad fundi utilitatem comparata sunt. Item de alluvione quæ fundo accedit dicendum est. Thesaurus autem ad dominum proprietatis pertinet quia non fructus habetur.

Quid de servis? Illorum sane operæ ad usufructuarium pertinent, nec tantum operæ, sed etiam quidquid per eos acquiritur, sive stipulentur, sive hæredes instituantur.

Cæterum quod ad donationes spectat, distinguendum est, utrius contemplatione, domini an usufructuarii, instituti fuerint, aut etiam utrius jussu hæreditatem adierint. Idem et de legato.

Interdum tamen in dubio est rei dominum, ut puta si servus rem emerit, necdum pretium solverit. Tunc enim placet nummorum numerationem declaraturam esse, res ne sit fructuarii an domini, prout ex re hujus aut illius nummi numerati fuerint. Quod si duos proponas ejusdem servi fructuarios quæsitum est an utrique servus per stipulationem acquirat; et responsum est, si nominatim servus stipulatus sit, ad eum stipulationem pertinere cujus nomen adjectum fuerit; sin autem stipulatio, sine nomine adjecto, facta sit, tunc ad utrumque pertinere.

Nunc videamus quid juris sit circa eas res quæ aut usu assiduo minuuntur, et circa eas quæ omnino primo usu pereunt.

Quod attinet ad ea quæ usu obteruntur, ut vestimenta et ta-

petes, recte usumfructum recipiunt, et qualia sunt post usumfructum restituuntur.

Ea vero quæ primo usu aut permutatióne pereunt, sicut
oleum, vinum et nummi, fructuario traduntur qui plenam in his
recipit proprietatem, res eadem quantitate et qualitate restitu-
rus quum jus ususfructus resolvetur.

Quod si fructuarius per se frui nolit, facultas ei non denega-
tur rem alii fruendam conducendi, vel locandi , vel vendendi,
vel donandi, integra vero proprietatis causa, nam et in his
casibus ususfructus eo tempore finem recipiet, quo recipisset,
si jus mansisset apud usufructuarium.

Præterea modus in hac facultate res locandi adhibendus est.
Eas nempe quæ locatæ damnum experiantur, ut vestimenta vel
jumenta, quia non locare solebat dominus, excipiemus ut ipse
utatur fructuarius.

Hoc enim præsertim ab usufructuario desideratur, ut fruatur
sicut bonus paterfamilias et secundum rei destinationem. Rerum
itaque qualitatem et usum immutare non licet: sic agros arare,
vineas colere, domos habitare debet. Non autem in area ædi-
ficare liceat, nisi quod inædificatum ad utilitatem fundi spectet,
imo ædificium inchoatum consummare non posse placet, nisi
hoc specialiter in usufructu constituendo adjectum sit; ne lu-
mina quidem nova immittere potest. Et pariter atrium mutare,
aut de domo tabernam vel stabulum facere nefas.

Tum vero ab usufructuario satisdationem desiderari licet,
rem salvam fore, ne abusu fiat deterior, aut ne usufructuarius restituere nolit, et hoc ita necessarium esse dicam ut non
prius illi actio danda sit, quam satis dederit.

Quoniam autem omnis fructus rei ad usufructuarium pertinet, ipse onera sustinere debet quæ fructuum onera dicuntur;
hoc est ædes reficere, et in locum arborum demortuarum alias
substituere, et tributa fundo imposita solvere; servos alere et

vestire, et pecorum ex fœtu tot capita gregi adnumerare quot senectus aut mors sustulerit, omnia demum ad conservationem rei præstare quæ solet bonus paterfamilias. Si qua tamen vetustate corruerunt, non hæc reficere cogitur; et ipsum dominum non cogi placet, nisi fundi usufructu legato testator jusserit hæredem necessarias refectiones facere. Quod si hæres, non ad id obligatus, absente usufructuario, impensis suis reficiat, adversus eum negotiorum gestorum actionem habet.

Hæres præterea, si ipse circa refectiones præstandas non tenetur, non usufructuarium prohibere potest quin reficiat, imo etiam quidquid ad fundi utilitatem pertinet pati debet, ut puta si fructuarius materiam refectionibus necessariam de fundo sumere, vel arenas fodere, vel lignum in sylvis sumere instituat.

His sane oneribus, quia sunt fructuum, fructuarius eximitur, si ab usufructu recedat : eximi autem in futurum tantummodo potest; nam quæ semel debuit, non his, nisi præstando absolvetur.

Finitur autem ususfructus, inter multas alias causas, ipsi dominio amittendo communes, his peculiaribus causis, ut morte usufructuarii, vel non utendo per modum et tempus, vel consolidatione, quæ fieri dicitur, quoties usufructuarius nudam proprietatem, aut contra dominus usumfructum recipit; vel spatio centum annorum; vel sublata rei substantia.

Fructuarii morte, aut capitis diminutione maxima aut media ususfructus resolvitur, nam quum sit servitus personalis, jus necessario evanescit, quum jam nulla est persona cui res serviat. Et ideo servus hæreditarius inutiliter usumfructum stipulatur.

Consolidatio autem necessarium juris finem præstat, quia nemini res sua servit. Quod si, deducto usufructu, fundum a Titio stipulatus sis, et Titius decesserit, num fit consolidatio, usufructu ad hæredem non transeunte. Sane videndum est an Titius pro re sua egerit sibi uni consulens; tunc enim ad te redit ususfructus; an contra nudam tantum proprietatem vendere voluerit; tunc hæres in usufructu succedit.

Sublata rei substantia, simul ususfructus causam sublatam esse apparet. Hoc autem evenit, non solum quum res tota periit, ita ut nihil omnino remaneat, sed etiam quum prima rei forma ita mutata est, ut res pristina non supersit, sed alia in ejus locum substituta esse videatur. Sic domo incensa, vel vineis demortuis, non in area nec in agro continuatur jus ususfructus; sic etiam defunctæ pecudis corpus domino restituendum est. Quod tamen de mortua pecude diximus non obtinet, quum in grege jus constitutum est; quia, in hoc casu, sola universitas spectatur, quæ semper ab usufructuario renovanda est, ut supra diximus. Quamobrem demortuæ bestiæ ad illum pertinent.

Item et extinguendi juris hæc causa cessat, circa ea quæ usu pereunt, et quorum plenam proprietatem fructuarius recipit. Nam res domino perit, et nihilominus rerum debitam quantitatem et qualitatem restituet fructuarius.

Item finitur ususfructus non utendo per modum et tempus, id est per triennium circa res mobiles; per decennium autem aut vicennium, circa res immobiles.

Quod autem diximus non utendo, non hoc significat, si ipse fructuarius non utitur; nam si per alium utitur fruitur, vel cui jus locaverit, aut donaverit, aut vendiderit, aut commodaverit, et ipse uti videtur. — Quod si vendidero usumfructum, etiamsi emptor non utatur, videor usumfructum retinere, ait Marcianus; qui enim pretio fruitur, Gaïus adjecit, non minus habere intelligitur quam qui principali re utitur.

Item et in servo fugitivo jus retinetur, si aliquid ex re tua stipuletur, vel per traditionem accipiat, ut ait Pomponius; sed

Julianus scribit etiamsi non stipuletur servus, retineri tamen usumfructum, nam qua ratione, inquit, retinetur a proprietario possessio, etiam si in fuga servus sit, pari ratione etiam ususfructus retinetur. Quod si quis possessionem ejus nanctus sit, ut a proprietario possessio, item ab usufructuario ususfructus amittitur.

Demum si forte ususfructus municipum causa constitutus est, ne proprietates in universum inutiles essent, semper abscedente usufructu, placuit jus resolvi centum annorum spatio, quod longævissimi hominis vitæ terminus est.

Et satis hæc de usufructu, quemadmodum jus constituatur, et exerceatur, et retineatur, et exstinguatur.

## QUÆSTIONES.

I. Num ususfructus longi temporis possessione acquiri potest? — Potest.

II. Fur decerpsit in fundo, in quo jus constitutum est, maturos fructus pendentes; num fructuario actio competit? — Furti scilicet actio competit, non condictio.

III. Num servus hæreditarius usumfructum stipulari potest? — Non potest.

IV. Insulæ ususfructus legatus est, area facta est, rursus insula; num debetur ususfructus? — Non debetur.

V. Stipulatus sum fundum de Titio, deducto usufructu; Titius decessit; num fit consolidatio? — Distinguendum est qua mente ususfructus deductus sit.

VI. Usufructu fundi legato, num hæres necessarias refectiones facere cogitur? — Non cogitur.

# DROIT FRANÇAIS.

### DE L'USUFRUIT, DE L'USAGE ET DE L'HABITATION.
(Code Nap., liv. 2, tit. 3, art. 579-636.)

Le Code définit la propriété : « le droit de jouir et de disposer des choses de la manière la plus absolue, pourvu qu'on n'en fasse pas un usage prohibé par les lois ou par les règlements ; » *uti, frui et abuti*, disaient les Romains. Ainsi, le droit de propriété est un droit complexe : il comprend le droit de jouir et le droit de disposer.

Que ces deux droits soient réunis dans la même main, c'est l'état normal de la propriété ; l'état normal, mais non pas l'état nécessaire, car rien n'empêche un démembrement de la pleine propriété, une division qui attribuerait à l'un le droit de disposer, isolé du droit de jouir, ce que nous appelons la nue propriété ; à l'autre, le droit de jouir seulement, c'est-à-dire l'usufruit.

L'usufruit est donc une portion de la pleine propriété, et, suivant la définition donnée par le Code, le droit de jouir des

choses dont un autre a la propriété, comme le propriétaire lui-
même, mais à la charge d'en conserver la substance : *jouir
comme le propriétaire lui-même;* la définition est un peu absolue
peut-être, car l'obligation de conserver la substance des choses
doit nécessairement apporter une limite à l'exercice du droit
de jouissance. L'usufruitier ne jouit certainement pas avec
autant d'indépendance que le propriétaire, de même que le
droit de disposer, *abusus,* se trouve singulièrement modifié
dans la main du nu propriétaire, qui doit avant tout respecter
les droits de l'usufruitier. C'est donc sous la restriction apportée
par les obligations réciproques d'entre l'usufruitier et le propriétaire, qu'il faut entendre que l'usufruitier a le droit de
jouir comme le propriétaire lui-même, et que celui-ci a le
droit de disposer de la chose dont l'usufruitier a la jouissance.

Considéré comme démembrement de la propriété, l'usufruit
est un droit réel, un droit susceptible d'hypothèques s'il est
établi sur des immeubles ; mais considéré dans la personne qui
en est revêtue, l'usufruit est un droit essentiellement personnel,
un droit intransmissible et qui s'éteint avec celui qui en jouis-
sait. Ceci, toutefois, doit être entendu en ce sens que si l'usufruitier ne peut céder le droit lui-même qui est attaché à sa
personne, pour l'attacher à la personne d'un autre, il peut
cependant, comme nous le verrons plus tard, en céder l'exercice ; mais à la condition que cette cession ne changera rien,
ni à la nature, ni à la durée de l'usufruit, qui s'éteindra dans
la main du tiers devenu cessionnaire, comme il se serait éteint
dans la main de l'usufruitier.

### DE QUELLES MANIÈRES S'ÉTABLIT L'USUFRUIT ?

Sous le rapport des causes, on distingue l'usufruit légal et
l'usufruit conventionnel.

L'usufruit légal est celui qui est établi de plein droit par la disposition de la loi :

1° Au profit des père et mère sur les biens de leurs enfants mineurs, jusqu'à ce que ceux-ci soient parvenus à l'âge de dix-huit ans accomplis ou jusqu'à leur émancipation ;

2° Au profit du survivant des père et mère sur le tiers des biens auxquels il ne succède pas dans l'hérédité de son enfant mort sans postérité, ni frères, ni sœurs, ni descendants d'eux ;

3° Au profit de la communauté sur les biens des deux époux mariés sous le régime de la communauté ou bien au profit du mari sur les biens dotaux de sa femme, dans le cas du régime dotal.

L'usufruit conventionnel est celui qui est établi par la volonté de l'homme, celui qui fait l'objet d'une disposition entre vifs ou testamentaire, à titre gratuit ou à titre onéreux. L'usufruit s'acquiert comme la propriété elle-même, et sous les mêmes conditions de capacité à l'égard des personnes qui aliènent le droit ou qui l'acquièrent.

Mais le juge pourrait-il, comme il le pouvait à Rome, établir d'office un droit d'usufruit, et dans un partage, adjuger à l'un la nue propriété, à l'autre l'usufruit ? Dans le silence de la loi, il faut reconnaître qu'elle lui a refusé ce pouvoir ; il peut, il est vrai, créer un droit de propriété, mais la propriété est de droit commun, tandis que l'usufruit est un droit d'exception à l'égard duquel il faudrait une disposition toute spéciale.

La prescription est-elle un mode d'acquisition applicable à l'usufruit ? On le conteste. Le Code, dit-on, au titre des Servitudes, quand il nous enseigne de quelles manières elles s'établissent, nous indique expressément la prescription. On en conclut, par analogie, que s'il avait voulu étendre à l'usufruit, qu'on dit aussi être une servitude, cet effet de la prescription, il aurait fait connaître sa volonté, et que son silence doit être considéré comme une exclusion. La conclusion n'est pas de rigueur. Si le Code déclare que les servitudes continues et apparentes peuvent s'acquérir par la possession de trente ans, c'est pour déclarer ensuite que les servitudes discontinues et non apparentes ne peuvent pas s'établir de cette manière. C'est donc précisément dans le but de faire une distinction entre les différentes espèces de servitudes, pour ranger les unes sous la règle générale, pour en exclure les autres, que le législateur a cru devoir consacrer à ce sujet une disposition spéciale. Mais en ce qui concerne le droit d'usufruit, comme il n'a pas à distinguer, il reste muet et l'abandonne au droit commun. Quel est d'ailleurs l'esprit de la distinction qui précède à l'égard des servitudes? N'est-elle pas fondée sur cette considération, que les unes sont susceptibles de possession, tandis que la possession des autres est impossible? Et en effet, la prescription étant un moyen d'acquérir par la possession, est applicable aux seules choses qu'on peut posséder. Or, la possession possible d'un droit d'usufruit n'est pas contestée. La possession, lisez l'art. 2228, est la détention ou la jouissance d'une chose ou d'un droit. Quel serait donc le motif particulier de refuser à l'usufruit l'application et les conséquences de cette règle?

La constitution d'usufruit, avons nous-dit, opère un démembrement de la propriété et emporte aliénation d'une partie du domaine. Il faut donc, pour établir un droit d'usufruit, avoir la capacité d'aliéner. Ainsi, par exemple, le tuteur ne pourrait consentir un droit d'usufruit sur les biens de son pupille sans avoir recours aux formalités prescrites pour l'aliénation des immeubles en pareil cas.

L'usufruit peut être établi purement ou à certain jour, ou à condition, à titre universel ou à titre singulier, sur toute espèce de biens meubles ou immeubles, et même sur un usufruit. Mais sur une servitude? Une servitude n'a par elle-même aucune existence. Elle profite, non pas à une personne, mais à un fonds qui l'exerce sur un autre fonds. L'usufruit d'une servitude ne peut donc pas être séparé de l'usufruit du fonds dominant. Mais dans les objets susceptibles d'être donnés en usufruit, il faut aussi comprendre les choses incorporelles, comme les créances. A l'égard des choses qui se consomment par l'usage, et qu'on appelle choses fongibles, le droit auquel elles peuvent être soumises n'est pas un usufruit proprement dit, c'est un quasi-usufruit qui a quelque analogie avec le prêt de consommation.

Quels sont les droits de l'usufruitier, quelles sont ses obligations, c'est ce que nous allons examiner.

SECTION PREMIÈRE.

*Des droits de l'usufruitier.*

Tous les fruits appartiennent à l'usufruitier : fruits naturels, fruits industriels, fruits civils.

Les fruits naturels sont ceux qui sont le produit spontané de la terre : par exemple, l'herbe des champs, les arbres des forêts.

Les fruits industriels, au contraire, sont ceux qu'on obtient par la culture.

Les fruits civils sont les loyers des maisons, les intérêts des sommes exigibles, les arrérages des rentes, les prix des baux à ferme.

Il importe de distinguer les fruits civils des fruits naturels ou industriels, parce que ces deux espèces de fruits ne sont pas soumises aux mêmes règles en ce qui concerne le droit et la manière de les percevoir. Mais la distinction des fruits naturels et des fruits industriels n'a aucune importance, car ils sont régis par la même règle.

Les fruits naturels et industriels pendants par branches ou par racines au moment où l'usufruit est ouvert, appartiennent à l'usufruitier. Ceux qui sont dans le même état au moment où finit l'usufruit, appartiennent au propriétaire, sans récompense de part ni d'autre des labours et des semences. Ainsi, c'est par la perception que l'usufruitier acquiert les fruits naturels ou industriels; la règle est absolue. Elle produit quelquefois des résultats qui peuvent sembler injustes, si le droit de l'usufruitier, par exemple, vient à s'ouvrir au moment où le propriétaire s'apprête à faire la récolte; mais comme celui-ci profite à son tour des fruits pendants à la cessation de l'usufruit, les avantages ou les pertes sont compensés. De cette manière du moins on évite les estimations quelquefois difficiles qu'il aurait fallu faire, les recours peut-être infructueux qu'il aurait fallu exercer de part et d'autre, si la loi, se rapprochant davantage de l'équité, avait ordonné le partage des fruits existant au commencement ou à la fin de l'usufruit, entre le propriétaire et l'usufruitier, en proportion de la jouissance de chacun d'eux.

Il reste bien entendu, toutefois, qu'en attribuant les fruits à celui qui les a perçus, la loi réserve les droits des tiers. Si donc le fonds est occupé par un colon partiaire, celui-ci partagera les fruits, suivant la loi du bail, avec le propriétaire ou l'usufruitier; de même le privilége sur les fruits accordé par l'article 2102 aux créanciers de sommes dues pour les semences, continuera de produire son effet, soit contre l'usufruitier, soit contre le propriétaire. La règle d'ailleurs reçoit exception au cas de fraude, celui, par exemple, où l'usufruitier, prévoyant la fin prochaine de l'usufruit, ferait la récolte des fruits avant leur maturité et l'époque convenable. Il devrait alors tenir compte au propriétaire du préjudice que sa mauvaise foi lui aurait causé.

Mais il peut arriver qu'un usufruitier de bonne foi vende une récolte sur pied, et qu'avant la récolte faite, l'usufruit s'éteigne. La vente dans ce cas est-elle valable? Nous disons, en vertu de l'art. 1593, que la vente sera nulle, parce que l'usufruitier a vendu la chose d'autrui. Les fruits, en effet, ne lui appartenaient que sous la condition qu'il les séparerait lui-même du sol. Or la condition ne s'est pas réalisée, et son droit de propriété n'a existé qu'en espérance,

Les fruits civils sont réputés s'acquérir jour par jour, et appartiennent à l'usufruitier en proportion de la durée de l'usufruit. Ainsi l'usufruitier acquiert chaque jour la trois cent soixante-cinquième partie des fruits civils de l'année, sans distinction des échéances plus ou moins rapprochées des intérêts ou des termes.

Outre les fruits proprement dits, l'usufruitier jouit encore de tous les émoluments, de tous les avantages qu'il peut tirer de la chose soumise à son droit, du droit de chasse dans les bois, du droit de pêche dans les étangs.

Si l'usufruit comprend des choses dont on ne peut faire usage sans les consommer, comme l'argent, les grains, les liqueurs, l'usufruitier a le droit de s'en servir, mais à la charge d'en rendre de pareilles quantité, qualité et valeur, ou leur estimation à la fin de l'usufruit.

Dans ce cas, le droit de l'usufruitier n'est plus un simple droit de jouissance, c'est un véritable droit de propriété. *Habet plenam in re potestatem, usum et abusum.* Autrement l'usufruit de pareilles choses serait complétement inutile. Il est indifférent d'ailleurs, pour l'intérêt du propriétaire, que l'usufruitier remplace les choses qu'il a reçues par d'autres semblables : *quia res una alterius vice fungitur.*

Mais l'usufruitier peut-il rendre à son choix des choses semblables ou bien leur estimation? En un mot, son obligation est-elle alternative?

Si les choses ont été estimées, l'usufruitier rendra le prix d'estimation. Il est de principe que l'estimation vaut vente. Nul doute à cet égard.

Mais s'il n'y a pas eu estimation? Il faut alors appliquer la règle posée dans les art. 1902 et 1903 sur le prêt de consommation. Or, aux termes de ces articles, l'emprunteur est tenu de rendre les choses prêtées en mêmes quantité et qualité, et au terme convenu; s'il est dans l'impossibilité d'y satisfaire, il est tenu d'en payer la valeur eu égard au temps et au lieu où la chose devait être rendue....

Mais il y a des choses qui, sans se consommer de suite, se détériorent peu à peu par l'usage, comme du linge, des meubles meublants. Ces choses sont susceptibles d'un véritable usufruit; l'usufruitier n'en devient pas propriétaire comme des choses fongibles, il a seulement le droit de s'en servir pour l'usage auquel elles sont destinées, à la charge de les rendre à la fin de l'usufruit dans l'état où elles se trouveront, sans qu'il soit tenu des détériorations survenues pendant sa jouissance, à moins qu'elles ne proviennent de son dol ou de sa faute. Cet usufruit convient avec le prêt à usage. L'usufruitier, comme le commodataire, doit se servir de la chose, suivant sa destination. Ainsi, défense lui est faite de louer les meubles, à moins qu'ils n'aient été destinés à cet usage, comme des meubles qui garnissent une maison meublée. A plus forte raison ne pourrait-il les vendre. Ses créanciers eux-mêmes n'auraient pas le droit de les saisir.

En ce qui concerne les risques, l'usufruitier, comme le commodataire, n'est pas tenu du cas fortuit, ni de la destruction de la chose qui provient de son vice propre ou de sa vétusté; mais il est tenu de son dol et de sa faute, même de sa faute légère, car l'usufruit est constitué à son profit.

L'usufruit peut aussi s'établir, nous l'avons déjà dit, sur des choses incorporelles, telles qu'une créance, une rente viagère, un usufruit.

Les intérêts d'une créance sont des fruits civils qui appartiennent à l'usufruitier. Si le remboursement en est fait, c'est à l'usufruitier que le capital sera payé, et il en jouira pendant la durée de l'usufruit, à charge de le restituer au propriétaire ; s'il y a des actions à exercer, c'est encore l'usufruitier qui les exercera.

A l'égard des rentes viagères, un doute s'est élevé. Les arrérages d'une rente viagère représentent, outre les intérêts du capital constitué, une portion de ce capital lui-même prélevé chaque année par le débiteur de la rente, pour être ajoutée au taux ordinaire de l'intérêt. L'usufruitier qui reçoit les arrérages reçoit donc en même temps une fraction du capital. Et alors la question est de savoir si, à la fin de l'usufruit, il ne devra pas restituer l'évaluation du capital par lui consommé. Mais quelle liquidation ! Comment faire la part du capital ? Comment celle des intérêts ? Le Code a tranché la difficulté : il a décidé que l'usufruitier ne serait tenu à aucune restitution.

Les arbres des forêts sont des fruits naturels, ils doivent donc appartenir à l'usufruitier. Mais à cet égard, le Code a fait une distinction. D'une part, il a considéré les bois taillis, c'est-à-dire ceux que le propriétaire a mis en coupe réglée, et qui constituent un revenu périodique au moyen de l'aménagement, et il les a rangés au nombre des fruits dont l'usufruitier a le droit de jouir, mais à la condition qu'il observera l'ordre et la quotité des coupes, conformément à l'aménagement ou à l'usage constant des propriétaires. D'autre part, il a considéré les bois de haute futaie, c'est-à-dire ceux que le propriétaire a toujours respectés, ceux qu'il a mis en réserve, lors des coupes. Ces derniers ne peuvent plus être regardés comme des fruits; ils font en quelque sorte partie inhérente du sol; ils ne peuvent pas se reproduire d'ailleurs comme les taillis; les couper, ce n'est plus un acte de simple jouissance, c'est un acte de propriété. L'usufruitier doit donc les respecter, comme faisait le propriétaire. C'est pourquoi, et comme avant tout la destination du père de famille est la règle qu'il faut suivre, si le propriétaire avait mis en coupe réglée certaines parties de haute futaie, qu'on pourrait alors appeler taillis de haute futaie, l'usufruitier pourrait alors en continuer les coupes, en se conformant, comme à l'égard des taillis, à l'aménagement indiqué, soit que ces coupes se fissent périodiquement sur une certaine étendue de terrain, soit qu'elles se fissent d'une certaine quantité d'arbres pris indistinctement sur toute la surface du domaine.

Nous rappellerons ici la règle concernant la perception des fruits naturels qui ne deviennent la propriété de l'usufruitier qu'à la condition d'être séparés de la terre pendant la durée de l'usufruit. Il n'est même pas dû d'indemnité à l'usufruitier ou à ses héritiers à raison des coupes qu'il aurait négligé de faire durant l'usufruit.

Si l'usufruitier ne peut pas toucher au bois de haute futaie que le propriétaire n'a pas mis en coupe réglée, quels droits lui confère son usufruit? Il lui confère le droit de pâturage; le droit de prendre sur les arbres les revenus annuels ou périodiques, suivant l'usage du pays, ou la coutume des propriétaires; enfin le droit de prendre dans les bois des échalas pour les vignes et le bois nécessaire pour faire au fonds usufructuaire les réparations dont il est tenu. Seulement il doit d'abord employer à ce dernier usage les arbres arrachés ou brisés par accident; s'ils ne suffisent pas, il peut alors abattre des arbres sur pied, après en avoir fait constater la nécessité avec le propriétaire.

A l'égard des carrières et des mines, le droit de l'usufruitier se borne à continuer l'exploitation de celles qui étaient déjà ouvertes; quant au trésor trouvé dans le fonds usufructuaire, il appartient au propriétaire, car il ne peut être considéré comme un produit, ni même comme un accessoire.

En ce qui touche les accessoires, l'usufruitier a le droit d'en jouir, comme de la chose principale. En conséquence, il jouit de l'alluvion survenue par accroissement, ainsi que des meubles attachés au fonds par la destination du père de famille.

Comme on le voit, les droits de l'usufruitier sont assez étendus; pourvu qu'il conserve la substance de la chose, il peut jouir comme il l'entend; il peut donc faire des améliorations, sans toutefois dénaturer la forme de la chose. Mais il ne pourra de ce chef réclamer aucune indemnité au propriétaire, quand même la valeur de la chose en serait augmentée, *nam rem suam egit*. Il lui sera permis seulement d'enlever les glaces, tableaux et autres ornements qu'il aura fait placer, mais à la charge de rétablir les lieux dans leur premier état.

Nous assimilerons les constructions aux améliorations. Non seulement l'usufruitier ne peut pas se faire indemniser pour les nouvelles constructions qu'il a pu faire, mais encore il ne peut les démolir quand il se retire. Il savait qu'il bâtissait sur le terrain d'autrui, il ne peut donc que s'imputer sa propre faute. D'ailleurs les seules constructions qu'il lui soit permis de faire sont celles qui ont pour but l'utilité du fonds: une grange, par exemple, destinée à recevoir les récoltes.

Enfin, et pour en finir avec les droits de l'usufruitier, non seulement il peut jouir par lui-même, mais encore il peut donner à ferme à un autre, ou même vendre ou céder son droit à titre gratuit. S'il donne à ferme, comme son droit est essentiellement précaire, il doit se conformer, pour les époques auxquelles les baux doivent être renouvelés, aux règles établies pour le mari à l'égard des biens de la femme.

Comme consécration de tous ces droits, l'usufruitier a nécessairement le droit d'intenter les actions qui concernent la jouissance, et de répondre, en son nom, à celles qui seraient intentées par d'autres, dans la même mesure d'intérêt; et le propriétaire est soumis à l'obligation corrélative de ne rien faire, ni par son fait, ni de quelque manière que ce soit, qui puisse nuire aux droits de l'usufruitier.

SECTION II.

*Des obligations de l'usufruitier.*

La principale obligation de l'usufruitier, celle qui les résume toutes, c'est de jouir en bon père de famille et suivant la destination de la chose. Les autres devoirs imposés à l'usufruitier ne sont guère que la conséquence ou la garantie de cette obligation fondamentale.

L'usufruitier prend les choses dans l'état où elles sont, dégradées ou non; le propriétaire dont l'obligation de laisser jouir est négative n'est pas forcé de mettre la chose en état de servir utilement. L'usufruitier doit donc, avant d'entrer en possession de son droit, faire dresser un inventaire des meubles et un état des immeubles, contradictoirement avec le propriétaire, ou bien après l'avoir dûment appelé. Cette formalité est de rigueur, et si l'usufruitier avait négligé d'y satisfaire, il serait présumé avoir reçu la chose en bon état, sauf la preuve contraire qui lui incomberait.

La loi exige l'inventaire, mais un testateur qui lègue l'usufruit de ses biens peut-il dispenser le légataire de cette obligation? Nous pensons qu'il ne le peut pas, car ce legs se détruirait par lui-même, en rendant faciles des détournements et des abus qui rendraient nul le droit du nu propriétaire.

Le droit constitué ne serait plus un usufruit, ce serait presque la nue propriété, disposition contraire à la volonté exprimée par le testateur. Cette dispense, toutefois, devra être interprétée en ce sens que les frais de l'inventaire resteront à la charge du propriétaire,

L'inventaire ne suffit pas. Il faut encore que l'usufruitier donne caution de jouir en bon père de famille. Mais c'est une obligation dont il peut être dispensé; et même le père et la mère, qui ont l'usufruit légal des biens de leurs enfants, en sont dispensés de droit, ainsi que le donateur et le vendeur sous réserve d'usufruit,

Cependant, si l'usufruitier dispensé de fournir caution par l'acte constitutif tombe plus tard dans un état d'insolvabilité imprévu d'abord, ou bien s'il commet des abus inquiétants, nous ne doutons pas qu'on ne puisse lui retirer le bénéfice d'une faveur dont il s'est montré indigne, ou dont la cause n'existe plus, et le forcer en conséquence à fournir un cautionnement.

La dispense de fournir caution cesse encore de produire son effet, quand le testateur a laissé des héritiers à réserve, dont la légitime pourrait être compromise.

L'usufruitier qui n'a pas fait inventaire est non recevable à réclamer les fruits échus, car il ne peut entrer en jouissance avant l'accomplissement de cette formalité; mais celui qui n'a pas fourni caution n'est pas atteint de la même déchéance; les fruits lui sont dus du moment où l'usufruit a été ouvert. Et en effet, ne pas trouver de caution n'est pas une faute imputable à l'usufruitier, comme le refus de faire inventaire. Cependant, pour que les droits du propriétaire ne soient pas compromis, l'administration de la chose soumise à l'usufruit n'est pas confiée à l'usufruitier; les immeubles sont donnés à ferme ou mis en séquestre, et l'usufruitier en reçoit les revenus ; les sommes comprises dans l'usufruit sont placées; les denrées et les choses périssables sont vendues, et le prix est transformé en un capital qui est également placé au profit de l'usufruitier qui touche les intérêts.

A l'égard des meubles qui dépérissent par l'usage, le propriétaire peut exiger qu'ils soient vendus comme les choses fongibles, et que le prix en soit placé de la même manière. Cependant l'usufruitier pourra demander, et les juges pourront ordonner, suivant les circonstances, qu'une partie des meubles nécessaires pour son usage lui soit laissée, sous sa simple caution juratoire, et à la charge de les représenter à l'extinction de l'usufruit.

Dresser inventaire, et fournir caution, sont des formalités préliminaires à l'entrée en jouissance ; une fois mis en possession, l'usufruitier a d'autres obligations à remplir. Ces obligations consistent à supporter les charges qui sont considérées ordinairement comme charges des fruits, *onera fructuum*, telles que les frais d'entretien et le payement des impôts.

L'usufruitier n'est tenu qu'aux réparations d'entretien, celles qu'un bon père de famille est dans l'usage de faire chaque année, en employant à cet effet une portion de ses revenus; quant aux grosses réparations, elles demeurent à la charge du propriétaire, à moins qu'elles n'aient été occasionnées par le défaut de réparations d'entretien.

Mais que doit-on entendre par grosses réparations et par réparations d'entretien? Le Code nous le dit. Les grosses réparations sont celles des gros murs et des voûtes, le rétablissement des poutres et des couvertures entières, celui des digues et des murs de soutènement, aussi en entier. Toutes les autres réparations sont d'entretien; le rétablissement d'un plancher ou d'un petit mur, le rétablissement partiel d'une couverture ou d'une poutre, etc.

Mais nous pensons que l'énumération qui précède des grosses réparations, et qui est celle de l'art. 606, n'est pas limitative; qu'elle contient tout simplement l'indication d'une règle absolue à l'égard des choses que le législateur avait en vue, à l'égard des bâtiments par exemple, mais applicable par analogie à certaines choses dont il n'a pas prévu l'usufruit, comme une usine, un navire, un moulin.

Ainsi le remplacement de la meule ou des auges d'un moulin sera une grosse réparation.

Ajoutons ici que ni le propriétaire ni l'usufruitier ne sont tenus de rebâtir ce qui est tombé de vétusté ou ce qui a été détruit par cas fortuit.

Cette disposition est un correctif de l'obligation imposée à l'usufruitier de faire toutes les réparations d'entretien, qui quelquefois sont fort dispendieuses; mais elle nous semble inutile à l'égard du propriétaire, car celui-ci n'est jamais obligé, comme nous allons le voir, de faire des réparations, pas même les grosses.

Et en effet, au commencement de l'usufruit, l'usufruitier doit prendre les choses dans l'état où elles se trouvent; il ne peut donc rien exiger à ce moment de la part du propriétaire. Pendant l'usufruit, le propriétaire, avons-nous dit, n'est pas obligé de faire jouir l'usufruitier, comme le bailleur en est tenu envers le locataire; donc il n'est pas obligé non plus de faire les grosses réparations dont la nécessité se révèle pendant l'usufruit.

Que si, faute de ces réparations, l'usufruitier ne peut faire usage de la chose, inutile entre ses mains, il a le droit de les faire, mais sans espoir de recours contre le propriétaire. Celui-ci en profitera, il est vrai, mais peut-être eût-il préféré laisser périr la chose que de s'exposer aux frais d'une reconstruction dont il ne se soucie guère. Nous exceptons toutefois le cas où le propriétaire étant absent, l'usufruitier qui aurait fait de grosses réparations pourrait invoquer la gestion d'affaires.

A l'égard des réparations d'entretien, l'obligation de l'usufruitier est absolue; à moins de renoncer à son usufruit, il ne peut s'en affranchir, car elles sont charges de sa jouissance. Et encore, sa renonciation n'aurait d'effet que pour l'avenir, il n'en devrait pas moins les réparations exigibles pour sa jouissance passée.

L'usufruitier est tenu en outre, pendant sa jouissance, de toutes les charges annuelles de l'héritage, telles que les contributions, et autres qui dans l'usage sont censées charges des fruits; *nam fructus intelliguntur deductis impensis.* Les charges, comme les réparations d'entretien, fournissent contre lui une action toute personnelle.

A l'égard des charges qui pèsent sur la propriété, elles sont réparties entre le propriétaire et l'usufruitier de la manière suivante. Le propriétaire est obligé de les payer, et l'usufruitier doit lui tenir compte des intérêts. Si elles sont avancées par l'usufruitier, il a la répétition du capital à la fin de l'usufruit.

Parmi les charges qui peuvent grever la propriété, nous citerons les impôts extraordinaires levés sur la propriété, les contributions communales destinées à faire face aux frais de premier établissement de travaux d'utilité publique.

A toutes ces charges, ajoutons les frais des procès qui concernent la jouissance, et les autres condamnations auxquelles ces procès peuvent donner lieu, si, par exemple, l'usufruit devient l'objet d'une action en revendication.

Les règles que nous venons de poser sont générales et régissent les rapports de l'usufruitier et du propriétaire, de quelque manière que le droit d'usufruit ait été constitué.

Supposons maintenant un legs d'usufruit universel ou à titre universel. L'usufruitier doit-il supporter une part des dettes de la succession, et comment? Le Code a reproduit ici la règle précédemment posée à l'égard des charges qui grèvent la propriété. Les dettes sont en effet une véritable charge qui pèse sur la propriété de toutes les choses comprises dans la succession. Le légataire de l'usufruit doit donc y contribuer suivant la nature et dans la proportion de son legs, aussi bien que l'héritier ou le légataire de la nue propriété. Seulement il faut remarquer que l'usufruitier qui ne reçoit, pour ainsi dire, que les intérêts de l'actif de la succession, ne doit aussi payer que les intérêts du passif. En conséquence il peut prendre deux partis : ou bien faire l'avance du capital qui lui sera remboursé sans intérêts par le propriétaire à la fin de l'usufruit, ou bien laisser au propriétaire le soin d'avancer ce capital, sauf à lui tenir compte des intérêts pendant la durée de l'usufruit, le tout au prorata de sa jouissance; que si le propriétaire ne peut pas ou ne veut pas faire l'avance, il est autorisé à faire vendre jusqu'à due concurrence une partie des biens soumis à l'usufruit.

Entre autres choses dont l'usufruit est fréquent, il faut compter les animaux. Le Code renferme à cet égard une disposition spéciale (art. 615 et 616).

Si l'usufruit n'est établi que sur un animal qui vient à périr sans la faute de l'usufruitier, celui-ci n'est pas tenu d'en rendre un autre, ni d'en payer l'estimation. Débiteur d'un corps certain, il n'est pas garant du cas fortuit. *Res perit domino.*

Si l'usufruit est d'un troupeau et que ce troupeau vienne à périr entièrement, comme dans le cas précédent, l'usufruitier n'est pas tenu de la perte, il doit seulement rendre compte au propriétaire des cuirs ou de leur valeur. Si le troupeau ne périt pas entièrement, l'usufruitier est tenu de remplacer, jusqu'à concurrence du croît, les têtes des animaux qui ont péri. L'usage en effet commande de remplacer les bêtes mortes ou décrépites par les jeunes animaux qui naissent, afin que le troupeau soit toujours au complet. Les droits de l'usufruitier comme ceux du cheptelier ne portent que sur la plus-value du troupeau; il s'ensuit que non-seulement il doit prendre, pour combler les vides faits par la mort ou la maladie, les jeunes animaux qui naîtront plus tard, mais qu'il doit encore rapporter au troupeau ceux qu'il en a retirés antérieurement.

SECTION III.

*Comment l'usufruit prend fin.*

L'usufruit, considéré comme démembrement de la propriété, est soumis aux règles communes sur la résolution du droit de propriété; mais considéré comme droit de servitude établi sur la chose d'autrui, il a en outre des causes spéciales d'extinction. Ces causes sont :

1° La mort naturelle ou civile de l'usufruitier. — L'usufruit est un droit essentiellement viager qui ne peut survivre à la personne qui en jouit. Mais par quelle contradiction la mort civile, qui n'éteint pas la rente viagère, éteint-elle l'usufruit?

2° L'échéance du terme fixé. — Cette cause d'extinction est de droit commun. A défaut de terme indiqué, quand l'usufruit est établi au profit d'une personne morale, comme une commune, il s'éteint par le laps de trente ans. Le législateur a fixé ce terme, qui est la durée moyenne de la vie humaine, considérant qu'une personne morale n'a pas en elle une cause de mort nécessaire et que l'usufruit pourrait se perpétuer. *Ne inutiles forent proprietates, semper abscedente usufructu.*

L'usufruit accordé jusqu'à ce qu'un tiers ait atteint un âge fixe dure jusqu'à l'époque indiquée, encore que le tiers soit mort avant l'âge fixé.

3° La consolidation, c'est-à-dire la réunion de la nue propriété à l'usufruit, soit que l'usufruitier acquière la nue propriété, soit que le nu propriétaire acquière l'usufruit ; *quia nemini res sua servit.*

4° Le non-usage du droit pendant trente ans.

Le terme de trente ans est le terme assigné à la prescription de toutes les actions tant réelles que personnelles. Mais si l'immeuble grevé de l'usufruit est acquis par un tiers détenteur qui possède en vertu d'un juste titre, la prescription de dix ou de vingt ans, qui lui assure le droit de propriété, affranchit en même temps l'immeuble du droit d'usufruit.

5° La perte totale de la chose.

L'usufruit cesse dans ce cas faute de cause. Si la perte n'est que partielle, l'usufruit continue sur ce qui reste, à moins toutefois que la substance de la chose ne soit transformée. Ainsi l'usufruitier d'un bâtiment ne jouira ni des matériaux ni du sol, si le bâtiment est incendié. En effet, la chose soumise à l'usufruit, c'était le bâtiment ; il n'existe plus, le droit cesse. Mais si l'usufruit est établi sur un domaine, l'usufruitier jouira du sol et des matériaux des bâtiments incendiés, parce que, dans ce cas, le droit de l'usufruitier n'est plus limité à tel ou tel objet déterminé ; il repose au contraire sur un ensemble de choses qu'une transformation partielle ne dénature pas.

6° L'abus de jouissance; si l'usufruitier commet des dégradations sur le fonds ou le laisse périr faute d'entretien.

Cette cause d'extinction ne s'opère pas de plein droit, comme les précédentes. Il faut une demande du propriétaire et une condamnation prononcée par le juge. Dans le procès qui s'engage alors entre le propriétaire et l'usufruitier, les créanciers de ce dernier peuvent intervenir pour la conservation de leurs droits et offrir la réparation des dégradations commises, avec des garanties pour l'avenir. Le juge peut alors, suivant la gravité des circonstances, ou prononcer l'extinction absolue de l'usufruit, ou n'ordonner la rentrée du propriétaire dans la jouissance de l'objet qui en est grevé, que sous la charge de payer annuellement à l'usufruitier, ou à ses ayants cause, une somme déterminée jusqu'à l'instant où l'usufruit aurait dû cesser.

L'usufruit une fois éteint, la jouissance fait naturellement retour au nu propriétaire, qui a désormais le plein domaine, *plenam in re potestatem.*

## CHAPITRE II.

### DE L'USAGE ET DE L'HABITATION.

Les droits d'usage et d'habitation sont de la même nature que le droit d'usufruit; ils prennent naissance et ils finissent de la même manière. Il nous suffit donc de renvoyer aux dispositions qui régissent l'usufruit.

Entre le droit d'usufruit et les droits d'usage et d'habitation, il n'y a que la différence du plus au moins. Tandis que l'usufruitier recueille tous les fruits du fonds dont il jouit, l'usager ne peut que se faire délivrer ceux qui sont nécessaires à ses besoins et à ceux de sa famille; celui qui jouit d'un droit d'habitation ne peut occuper que le logement dont il a besoin.

Autre différence. Les droits d'usage et d'habitation sont essentiellement incessibles et insaisissables; ils sont inséparables de la personne dans l'intérêt de laquelle ils ont été créés, dont les besoins d'ailleurs sont la mesure de leur droit.

Faire inventaire, donner caution, jouir en bon père de famille, sont des obligations communes à l'usufruitier et à ceux qui ont un droit d'usage ou d'habitation. Seulement, quand l'usager n'administre pas, quand le propriétaire cultive et récolte lui-même, cette règle cesse d'être applicable.

Les fruits que le propriétaire délivre à l'usager sont prélevés sur le revenu net des fonds. C'est en ce sens qu'il faut entendre l'obligation imposée à l'usager de contribuer aux charges, car si les charges égalent les ressources, l'usager ne peut rien prétendre.

Quant à celui qui possède un droit d'habitation, il supporte les charges en proportion de la jouissance.

D'ailleurs, les droits d'usage et d'habitation sont ordinairement réglés par les titres qui les constituent. On n'a recours aux règles générales que le Code a posées que dans le cas où le titre serait muet sur l'étendue du droit.

## QUESTIONS.

I. L'usufruit peut-il s'acquérir par prescription? — Oui.

II. La vente des fruits encore pendants, faite par l'usufruitier, est-elle nulle si l'usufruit cesse avant la récolte? — Oui.

III. L'usufruitier qui a fait élever des constructions peut-il les démolir et enlever les matériaux? — Non.

IV. Peut-il du moins se faire indemniser? — Non.

VI. L'usufruit d'une maison se continue-t-il sur le prix d'assurance? — Non.

VI. L'obligation imposée à l'usufruitier de choses fongibles, de rapporter les choses ou leur estimation, est-elle alternative? — Non.

VII. Le testateur peut-il dispenser le légataire de l'usufruit de faire inventaire? — Non.

VIII. Peut-il le dispenser de donner caution s'il laisse des héritiers à réserve? —Non.

IX. Le propriétaire est-il obligé de faire les grosses réparations? — Non.

*Vu par le Président de la thèse,*
DURANTON.

*Vu par le Doyen,*
C.-A. PELLAT.

www.ingramcontent.com/pod-product-compliance
Ingram Content Group UK Ltd.
Pitfield, Milton Keynes, MK11 3LW, UK
UKHW021632130726
13696UKWH00005B/2152